LES ÉLECTIONS ECCLÉSIASTIQUES

DE PARIS

PENDANT LA RÉVOLUTION

PAR

Pierre VERSINI

Étudiant à la Faculté des lettres de Paris.

Aucun historien n'a raconté les élections ecclésiastiques de Paris, nécessitées par la constitution civile du clergé. M. Sciout lui-même est muet sur cette question, qui ne manque cependant pas d'intérêt, comme on va peut-être le prouver, à l'aide de documents empruntés aux archives nationales.

I

Les décrets qui, dans l'histoire, portent le nom de constitution civile du clergé furent votés, en grande partie, le 12 juillet 1790.

D'après le titre 1er, la France était divisée en diocèses, ayant les mêmes limites que les départements. Dix arrondissements métropolitains étaient institués : Rouen, Reims, Besançon, Rennes, Paris, Bourges, Bordeaux, Toulouse, Aix et Lyon. Quant aux dignités, canonicats, prébendes, demi-prébendes, chapelles, chapellenies, abbayes, prieurés en règle ou en commande, ils étaient supprimés, sans qu'il pût jamais en être établi de semblables.

C'est le titre II qui est le point capital de cette constitution. Il traite, en effet, de la nomination aux bénéfices.

Il n'y aura désormais qu'une forme de pourvoir aux évêchés et aux cures. C'est à savoir la forme des élections. *Tous* les électeurs pourront nommer les évêques et les curés. (C'était là une de ces innovations malencontreuses que l'on a peine à s'expliquer de nos jours.) Les élections se feront par la voie du scrutin à la pluralité absolue des suffrages.

A la suite de la vacance d'un siège épiscopal, le procureur général syndic avertira le procureur du district, à l'effet, par lui, de convoquer les électeurs. Il fixera en même temps le jour de l'élection de l'évêque, qui ne pourra se faire qu'un dimanche, dans l'église principale du chef-lieu du département. La proclamation de l'élu aura lieu en présence du clergé, du peuple et des autorités. Il prêtera serment de fidélité à la nation, à la loi et au roi. Son institution canonique lui sera accordée par le métropolitain, ou, à son défaut, par un autre évêque.

Analogue devait être le procédé d'élection pour les curés.

On connait les principales lignes de cette fameuse constitution, d'où devaient sortir « tant de discordes et tant de larmes ». Voyons maintenant comment se passèrent, à Paris, les élections.

II

Paris avait un règlement administratif tout particulier. Il formait à la fois un département et un district. Au lieu d'être divisé en cantons, il l'était en quarante-huit sections ou assemblées primaires. Celles-ci nommaient l'assemblée électorale chargée, à la fois d'élire les juges, les administrateurs et les fonctionnaires ecclésiastiques. En conséquence, sur la convocation du procureur général syndic, les électeurs se réunirent le 13 mars 1791, à l'église paroissiale métropolitaine, à l'effet d'élire un évêque au siège de Paris, devenu vacant par défaut de prestation de serment du titulaire. A l'issue de la messe ordonnée par la loi, l'assemblée se divise en six bureaux, et choisit son président et son secrétaire général.

Le président observe qu'aux termes des décrets de l'Assemblée nationale le président doit prêter le serment, après en avoir lu la formule ainsi conçue : « Je jure et je promets d'être fidèle à la nation, à la loi et au roi, et de ne nommer que ceux que j'aurai choisis en mon âme et conscience comme les plus dignes de la confiance publique, sans avoir été déterminé par dons, promesses, sollicitations ou menaces. » Le secrétaire prête le même serment. Le président représente que chacun des membres de l'assemblée doit également prêter ce serment. Il en fait la lecture, et les électeurs prononcent, l'un après l'autre, ces mots : « Je le jure. »

Au moment du vote, les électeurs se rendent à leurs bureaux. Il y avait six cent soixante-quatre suffrages exprimés. Parmi les noms mis en avant, on remarque Talleyrand qui, s'apprêtant à quitter les ordres, déclina toute candidature, l'abbé Grégoire, l'abbé Fauchet, l'abbé Sieyès. Ce dernier motiva son refus dans une lettre curieuse : « Mes efforts et ma vie, disait-il, sont consacrés à la chose publique, mais une sorte d'effroi me saisit involontairement, et je ne suis plus le maître de ne pas reculer devant une place que les circonstances rendent d'une importance trop au-dessus de mes forces. »

Son goût personnel le porte impérieusement à préférer les fonctions législatives et administratives à une fonction épiscopale : « Je n'ai plus, ajoute-t-il en terminant, en ma qualité de citoyen, qu'à joindre mes vœux à ceux de tous les patriotes pour que le corps électoral investisse du choix du peuple un homme vraiment digne des circonstances. »

Cet homme fut Gobel (1), qui recueillit cinq cents suffrages. Évêque de Lydda *in partibus*, suffragant de l'évêché de Bâle pour la partie française, le faible Gobel avait été un des rares évêques qui avaient prêté le serment. Aussi l'en avait-on récompensé largement. Nommé à la fois à Paris, dans le Haut-Rhin et dans la Haute-Marne, il opta pour Paris.

Un passage d'un mandement adressé à ses fidèles, à l'occasion de la mort de Mirabeau, prouve que le grand orateur n'avait pas été étranger à son élection. « Nous lui devons, dit Gobel, d'exercer canoniquement sur les bords de la Seine le ministère que nous exercions tristement et sans gloire dans les rochers et les neiges éternelles de la Suisse (2). »

L'assemblée électorale décida qu'il serait proclamé le 17 mars.

Au jour fixé, les électeurs se réunissent dans la nef de la vieille cathédrale. Le président annonce que M. Gobel, évêque de Lydda, ayant obtenu, dimanche dernier, la majorité des suffrages, il le proclame évêque métropolitain. « Le président prononça un discours fort applaudi et approprié à la circonstance; M. Gobel, une homélie pleine de sentiments religieux et de principes constitutionnels. » L'évêque jure d'être fidèle à la nation, à la loi et au roi, au milieu de tous les citoyens qui remplissent l'église. Une décharge d'artillerie et les sonneries des cloches annoncent le moment de l'installation de l'évêque. Un des vicaires généraux célèbre la messe et chante le *Te Deum* qui est exécuté par les musiciens ordinaires

---

(1) Gobel, né à Thann (Haute-Alsace), se distingua de bonne heure par son travail et par sa conduite. Il fut nommé évêque de Lydda en 1772. Les députés du clegé de Belfort l'envoyèrent, en 1789, aux États généraux. Il embrassa avec chaleur la cause de la Révolution. Élu évêque dans trois départements, il opta pour Paris. Le 17 brumaire an II, il renonça publiquement à ses fonctions de ministre du culte catholique. Il fut guillotiné avec les Hébertistes.

(2) Buchez et Roux, t. IX, p. 402.

de la cathédrale, unis à ceux de la garde nationale. Une procession termine la cérémonie.

Il manquait à Gobel la consécration, Loménie et Jarente refusèrent de la lui donner. Il fallut recourir à Talleyrand, évêque démissionnaire d'Autun.

Juigné, l'ancien archevêque de Paris, contraint de quitter son diocèse, proteste vivement contre l'élection de l'évêque de Lydda. Dans une lettre, que dénonça le procureur général syndic, il annonçait « qu'après s'être prosterné au pied de la croix, après l'avoir arrosée de ses larmes, après avoir imploré la lumière de l'Esprit-Saint et de tous les secours qui lui sont nécessaires, par les vœux les plus ardents et par la puissante intercession de la Sainte Vierge, patronne de l'église métropolitaine de Paris et de toute la France, il a dit et déclaré que la nomination de Mgr l'évêque de Lydda est radicalement nulle, et de nul effet, et qu'il est toujours le seul véritable et légitime archevêque du diocèse qu'il continuera de gouverner avec toute l'autorité épiscopale (1). » Juigné ne s'en tint pas à une protestation platonique. Le *Moniteur* nous apprend, en effet, qu'il pourvut, dans la suite, aux vacances de trois canonicats. Ce ne fut pas seulement à Paris que les anciens évêques continuèrent à user de leurs vieilles prérogatives. Ainsi, pour ne citer qu'un exemple, Grégoire eut à soutenir, à Blois, une lutte acharnée contre Thémines, son prédécesseur (2).

Ce ne fut pas la seule attaque qu'eut à subir Gobel. On lit en effet, dans une lettre adressée « à Jean-Baptiste Gobel, évêque de Lydda, *in partibus*, usurpateur du siège métropolitain de Paris », les passages suivants :

« On connaît deux sortes d'élections, l'une simple, l'autre collative. La première a besoin de la confirmation d'un supérieur ; par l'autre, ceux qu'ils élisent confèrent en même temps, sans avoir besoin de confirmation.

« Laquelle de ces deux élections la Révolution française a-t-elle transmise au peuple ? Est-ce l'élection simple ? Dans ce cas, il faut que l'élu se fasse confirmer par un supérieur. Ce ne sera pas le Souverain Pontife, puisqu'on veut se passer de sa confirmation. Serait-ce l'ancien évêque d'Autun ? Mais cet évêque, qui n'a déjà plus de juridiction, puisqu'il s'en est démis, ne saurait être le supérieur de tous les évêques élus, quand il aurait encore toute sa juridiction.

---

(1) *Moniteur*, VIII, p. 18.
(2) Voir l'ouvrage de M. Gazier, *Études sur l'histoire religieuse de la Révolution française*. Paris, 1887, in-12.

» La Révolution aurait-elle au contraire transféré au peuple la collation libre des évêchés ? Dans ce cas, il faut qu'ils soient vacants, car le droit de collation ne peut s'exercer que sur des bénéfices vacants ; on ne peut conférer que ce qui est impétrable. La collation même ne suffirait pas aux élus, il leur faudrait encore l'institution, c'est-à-dire la mission canonique, et cette mission ne peut être donnée que par la puissance ecclésiastique, à cause du droit spirituel qui y est attaché.

» Ainsi, Monsieur, je vous laisse l'option ; votre nomination au siège métropolitain de Paris est-elle le résultat d'une élection simple ? Dans ce cas, elle avait besoin d'une confirmation. Est-ce une élection collative ? Dans ce cas, elle avait besoin encore d'une institution canonique. Qui vous l'a donnée ? Est-ce un supérieur ecclésiastique ? Non, c'est l'ancien évêque d'Autun, dépouillé de toute juridiction par sa propre démission. Vous êtes donc, évidemment et sous tous les rapports, hors de la hiérarchie, c'est-à-dire hors de la communion de l'Église romaine, un intrus, un usurpateur, un profanateur de ce qu'il y a de plus sacré parmi les hommes (1). »

Le ridicule n'épargna pas Gobel. Un plaisant composa un cantique (2) en l'honneur de saint Gobel, premier évêque constitutionnel de Paris et martyr. En voici quelques extraits :

    Gobel n'avait jusque-là
    Que l'évêché de Lydda.
    Pauvre évêché sans recettes,
        Turlurette,
        Turlurette,
    Ma tante turlurette.

    Il avait très hautement prêché,
    Prêché contre le serment ;
    Mais l'or nous tourne la tête ;
        Turlurette.

    Vu le vœu de chacun
    Et quatre évêchés pour un ;
    A tout garder il s'apprête,
        Turlurette, etc.

    Voyant qu'il ne le peut pas,
    Dès lors, il prend le plus gras
    Et le fretin nous rejette,
        Turlurette.

(1) Bibl. de la Ville de Paris, Recueil 19,735.
(2) *Ib.*, Recueil 10,042.

Pour être en possession
Manquait l'institution;
Mais un contre-temps l'arrête,
    Turlurette, etc.

Il vole chez deux prélats,
Qui tous deux quoiqu'apostats,
Ne font cas de sa requête,
    Turlurette.

Près de la place Maubert,
Est un tribunal expert;
Notre homme appel interjette,
    Turlurette, etc.

l est, dit le tribunal
Un remède pour le mal,
Va chez d'Autun, qu'il te mette,
    Turlurette, etc.

L abbé court chez d'Autun,
Qui nous crosse l'imposteur
Et ses patentes lui jette,
    Turlurette, etc.

Gobel se défendit de son mieux dans un mandement où il s'efforça de prouver que son élection était valable et légitime (1).

« Que la paix soit au milieu de vous, mes très chers frères. Que la paix étende sa douce influence sur le diocèse que la Providence vient de m'assigner.

» Le premier des devoirs de votre évêque est de vous défendre, de vous affermir dans la foi et de vous prêcher perpétuellement la charité sans laquelle la foi n'est rien. »

C'est surtout dans ces critiques circonstances que « nous devons rassembler toutes nos forces pour fermer toute issue aux illusions du mensonge et au poison de l'erreur ». Avant qu'il fût question du serment des ecclésiastiques, les Français étaient divisés, ils paraissent l'être actuellement davantage.

Il prêche donc la concorde.

Les ennemis de la Constitution cherchent à inspirer des doutes sur la légalité des élections ecclésiastiques, ils veulent vous rendre suspect votre propre ouvrage. Ils osent avancer que les fonctionnaires ecclésiastiques constitutionnellement élus sont des intrus, des schismatiques. « Les malheureux, aveuglés par la haine, ne

_____
(1) *Moniteur*, VIII, p. 154.

s'aperçoivent pas que leurs folles assertions tombent d'elles-mêmes. » Puis il cite l'histoire de saint Mathieu, de saint Jacques le Mineur, de saint Cyprien, de Cécilien, l'autorité du concile d'Orléans, celle de Grégoire le Grand qui écrivait à un sous-diacre d'avertir le peuple de Salonne « pour qu'il élise son évêque ». Il faut donc être aveugle pour douter de la légitimité de son élection.

Et vous : « Unissez-vous à moi de cœur et d'esprit, prêchez à votre troupeau la paix et la concorde, dites-lui bien qu'après la loi divine rien n'est plus sacré que la loi de l'État, que c'est manquer à la première que de ne pas obéir à la seconde. »

III

Les élections des curés avaient commencé dès le 30 janvier 1791. Une loi avait réduit au chiffre de 33 les cures autrefois mal réparties et en nombre infini.

En voici l'état :

Cures de Notre-Dame, Saint-Sulpice, Saint-Germain-des-Prés, Saint-Thomas-d'Aquin, Saint-Germain-l'Auxerrois, Saint-Eustache, Saint-Roch, Saint-Augustin, Sainte-Madeleine-de-la-Ville-l'Évêque, Saint-Philippe-du-Roule, Saint-Pierre-de-Chaillot, Notre-Dame-de-Lorette, Saint-Laurent, Saint-Sauveur, Saint-Leu, Saint-Jacques-le-Majeur, Saint-Merry, Saint-Nicolas-des-Champs, Saint-François-d'Assise, Saint-Gervais, Saint-Paul, Sainte-Marguerite, Saint-Antoine, Saint-Ambroise, Saint-André-des-Arts, Saint-Séverin, Saint-Nicolas-du-Chardonnet, Saint-Victor, Saint-Médard, Saint-Marcel, Sainte-Geneviève, Saint-Jacques-du-Haut-Pas, le Gros-Caillou (1).

Par suite du défaut de prestation de serment, il y eut à pourvoir aux vacances de vingt et une cures. Douze des anciens curés, dont les noms se trouvent à l'Almanach royal de 1789, avaient prêté le serment. C'étaient MM. Poupart, Viennet, Desforges, Dubois, Antheaume, Toussineau, Séjournée, Denière, Castelan, Besson, Garat et Huot.

Les opérations électorales eurent lieu du 30 janvier au 30 mars 1791, du 13 mai au 17 mai 1792, du 5 août au 12 août de la même année, et enfin du 3 mai au 9 mai 1793.

Le 30 janvier 1791, M. Poiret est nommé curé de Saint-Sulpice

---

(1) La circonscription exacte de chaque cure est exposée dans l'*Almanach national*.

par 435 voix sur 488 votants. Sa proclamation eut lieu, le 6 février, en l'église métropolitaine, en présence du peuple, du clergé et des autorités du département. Le président, entouré des vicaires généraux de la paroisse métropolitaine, prononça un long discours dont on peut citer des passages caractéristiques :

« Cinq siècles se sont bientôt écoulés depuis que les Français, convoqués pour la première fois en états généraux, se rassemblèrent dans ce temple même pour arrêter les entreprises des pontifes romains. On dirait que le séjour auguste où nous venons demander et recevoir les inspirations de la divinité fut marqué dans tous les temps par l'Éternel comme le lieu où doit se purifier et s'affermir le christianisme.

Ils ne sont plus, ces jours où, loin d'être choisis par les fidèles, nos premiers pasteurs n'étaient que le choix aveugle de la faveur de la naissance ou de la fortune. Un ministre élisait, et cette élection paraissait chrétienne.

Et, aujourd'hui, on crie à l'impiété. « Et quels sont ces hommes qui pleurent sur le christianisme avec une si coupable hypocrisie? » Mais ces hommes sont à plaindre. « N'imitons pas leur égarement, sachons les plaindre et leur pardonner. Aimez Dieu, honorez la nation et le roi. Ministres des autels, adressez une hymne de reconnaissance au Créateur des hommes et de la liberté. Citoyens, le voilà ce pasteur que nous vous donnons pour guide et pour modèle. Voyez-vous ses cheveux blanchis par soixante ans de travaux et de vertus. »

Son discours achevé, le président proclame M. Poiret curé de Saint-Sulpice.

« Vous le voulez, messieurs et chers frères, s'écrie M. Poiret; la voix du ciel se fait entendre, la primitive Église réclame ses premiers droits. Elle soupire après sa première splendeur. Si je calculais mes jours, mon âge, l'insuffisance de mes talents, les menaces, la rage de la superstition, de l'hypocrisie, les fureurs d'une cause criminelle et détestable, je serais tenté de suspendre les effets de ma bonne volonté; mais ce serait un scandale pour la nation, pour l'Église et pour les amis de la Constitution. J'obéis. *Ecce ego, mitte me.* Comme Samuel, j'obéis.

« Qui peut douter que ce ne soit à la puissance civile à distribuer les pasteurs selon le besoin ?

« C'est, ajoute-t-il, avec le code éternel de l'ordre, l'Évangile, que je me propose de travailler à rendre heureuse la paroisse que vous me confiez. »

Le même jour, sont élus curés de Saint-Germain-l'Auxerrois, M. Corpet, par 563 voix sur 593 votants.

De Saint-Roch, M. Legrand, par 512 voix sur 557 votants.

De la Madeleine-la-Ville-l'Évêque, M. Picavez, par 480 voix sur 520 votants.

Le 13 février, par 322 voix sur 526 votants, M. Juvigny obtient, au troisième tour, la cure de Saint-Paul.

M. Chevalier, par 455 voix sur 495 votants, obtient celle de Saint-Gervais.

M. Leman obtient celle de Sainte-Marguerite par 338 voix sur 368 votants. Enfin, M. Gérard, par 247 voix sur 398 votants, obtient la cure de Saint-Séverin.

Par suite du refus de M. Gérard, M. Beaulieu est élu à sa place, par 469 voix sur 569 votants.

M. Roussineau, par 409 voix sur 532 votants, est nommé curé de Saint-Germain-des-Prés. M. Juvigny ayant refusé, c'est M. Brugières qui le remplace à l'église Saint-Paul, par 271 voix sur 385 votants.

Par 256 voix sur 389 suffrages, M. Colombard est élu curé de Saint-Nicolas-des-Champs.

Le 27 février, sur 482 votants, M. Morel est élu, par 362 voix, curé de Saint-Augustin.

M. Méhée est élu curé de Saint-Antoine par 192 voix sur 323 votants. Par 342 voix sur 318 suffrages, M. Brongniart est élu curé de Saint-Nicolas-du-Chardonnet.

Le 6 mars, on procède à de nouvelles élections. C'est M. Sibire, qui, pour la cure de Saint-François-d'Assises, réunit, au troisième tour, 155 suffrages sur 292 votants.

Pour la cure de Saint-Thomas-d'Aquin, M. Minée (1) réunit 167 voix sur 263 votants.

Pour celle de Saint-Ambroise, M. Varlet réunit 208 voix sur 374 votants.

Ces nouveaux curés, élus depuis le 6 février, avaient tous harangué leurs électeurs aussitôt après leur nomination. Leurs dis-

---

(1) Minée, né à Nantes. Élu curé de Saint-Thomas-d'Aquin, il donna sa démission pour aller occuper le siège épiscopal de Nantes où l'avait appelé la confiance des électeurs de la Loire-Inférieure. Il y remplaça M. de la Laurencie qui avait refusé de prêter le serment. Minée était de ceux dont les actions ne répondent pas aux paroles. Il fut girondin, tant que les Girondins furent maîtres de la situation. Après le 2 juin, il se transforma en montagnard, il fut complice de Carrier, il divinisa même Marat. Peu s'en fallut qu'il ne pérît sous la réaction thermidorienne. On dit qu'il mourut en 1808, dans l'obscurité la plus complète.

cours peuvent se ramener à ces quelques idées : Ils remercient leurs concitoyens de l'honneur qu'ils leur font et dont ils sont indignes. Ils sont effrayés de leur responsabilité. Tous leurs efforts tendront à mériter la confiance de leurs concitoyens. Ils font une apologie de la Constitution, « ce code admirable de la liberté où ils ont toujours remarqué visiblement le doigt de Dieu. » Les partisans de l'ancien régime ne sont guère épargnés par eux. Ils les traitent d'aveugles et de superstitieux.

L'Église est régénérée et rendue à sa simplicité primitive. Elle en est redevable à la Révolution à qui revient l'honneur d'avoir inauguré le règne de la Liberté et de la Fraternité.

Toutefois, parmi ces discours, il en est un qui l'emporte sur les autres par l'originalité, l'éloquence. C'est celui de M. Minée, qui résume à merveille les griefs, les rancunes, les joies, les espérances des nouveaux curés. Pour s'en convaincre, il suffit d'en citer quelques extraits :

« Il y a vingt ans, dit M. Minée, j'ignorais que sans intrigue, sans lâche condescendance pour un parti dominant et persécuteur, il n'était point ici d'avancement à attendre. Je ne tardai pas à reconnaître cette vérité, éternel opprobre de l'ancien régime. »

Le curé Minée vivait dans une honnête aisance : « Je me félicitais d'y pouvoir vivre sans m'avilir, j'étais satisfait autant que peut l'être celui qui, né enthousiaste de la Liberté, vivement pénétré de la dignité de l'homme, ne remarque autour de lui que dégradation, tyrannie, violation manifeste des droits les plus saints de l'humanité. Le bonheur était pour moi attaché à la régénération de ma Patrie. J'en soupçonnais l'approche. Mes vœux de chaque jour en hâtaient le moment. Je l'ai vu, et, transporté d'allégresse, je me suis écrié avec le prophète : Grâces immortelles vous soient rendues! O nouveaux arbitres des destinées, vous comblez la mienne d'une félicité parfaite me rendant témoin d'événements qui effacent la gloire de toutes les nations et de tous les siècles. Je puis sans nul regret quitter maintenant la terre où rien désormais ne me reste plus à désirer. »

Mais le nouvel élu ignorait que des honneurs lui fussent réservés.

Sur les ruines de l'empire féodal, les représentants de la nation ont élevé un monument immortel dédié à la Liberté, « dont les droits de l'homme sont la base inébranlable. » Plus ce monument présentait de beautés neuves, plus il rendait sensibles les choquantes défectuosités de l'édifice sacré de l'ancien régime.

Dans le principe, cet édifice était simple, mais depuis on l'avait surchargé. Les représentants de la nation « l'ont dégagé de toutes substances parasites, et déchargé de tant de gothiques décorations ».

Ils ont enfin abattu l'orgueil ambitieux de ces premiers pasteurs qui abandonnaient « à une classe prétendue inférieure le beau titre de prêtre et laissaient à des stipendiaires le soin roturier de chanter les louanges du Seigneur, fonction trop commune pour s'allier avec leur dignité ».

Nous voyons aujourd'hui reparaître « l'Église de Dieu telle que la fonda notre divin législateur, belle de sa beauté primitive, brillante sans éclat emprunté, auguste sans faste, absolument rendue à son antique destination ».

Il parle ensuite de l'élection de l'évêque que Dieu ne dédaignera pas de surveiller : « Car ils sont passés sans retour ces temps de désolation et d'opprobre où la religion, dépouillée de ses droits les plus inviolables, courbée sous les mêmes fers qui enchaînaient toutes les classes des citoyens, était obligée de recevoir ses pontifes des mains impies du despotisme. » Les nouveaux pontifes seront affables, compatissants et ne se feront pas remarquer « par un étalage indécent ; ils n'auront plus ces airs impérieux d'un inaccessible potentat ».

Appelé à l'évêché de Nantes, M. Minée adresse, le 19 mars 1791, sa démission au procureur général de la Commune. Il s'exprimait ainsi : « Monsieur, j'avais accepté avec la satisfaction la plus vive la place à laquelle m'avait porté le suffrage très honorable du corps électoral à Paris ; une voix impérieuse m'appelle ailleurs, et je me crois obligé, Monsieur, de vous remettre ma nomination à la cure de Saint-Thomas-d'Aquin que je me trouvais si flatté d'accepter. Voulez-vous bien, Monsieur, en leur faisant part de mon désistement, témoigner en même temps à MM. les électeurs ma profonde reconnaissance ? » Minée.

Le 20 mars, M. Charrier fut élu curé de Saint-Victor, par 236 voix sur 350 votants.

Il refusa également. La lettre qu'il adressa au procureur général de la Commune se terminait ainsi : « Il n'est pas juste que les pauvres de la paroisse dont la Providence semblait me désigner pour être le père souffrent en ce moment de ma résolution. Je joins ici un assignat de 300 livres que je vous prie de leur distribuer pour qu'ils se souviennent de moi dans leurs prières. »

M. Latyl fut élu à la place de M. Minée, par 281 voix sur 386 votants. M. Duchesne à celle de M. Charrier, par 169 voix sur 335 votants. M. Clausse fut élu à la cure de Saint-André-des-Arts, par 213 voix sur 305 votants. Ils furent tous trois proclamés le 30 mars et prononcèrent des discours, selon l'usage.

« Représentants d'un peuple nouveau, dit M. Latyl, sorti par sa mâle énergie du tombeau flétrissant où le tenaient enseveli depuis tant de siècles les efforts combinés de la tyrannie et du fatalisme, le peuple nous a délégué une partie de sa puissance pour nommer des fonctionnaires. Prêtres citoyens, qui avez longtemps gémi sur la servitude, et vous, frères, cessez de gémir, nos vœux sont exaucés. L'Évangile triomphera des erreurs de l'esprit et de la corruption des cœurs. Sa morale sublime rappelée à sa pureté primitive nous apprendra à faire un digne usage de notre liberté, à plaindre l'égarement de nos frères et à établir entre nous cette pieuse condescendance, cette aimable égalité et cette tendre fraternité qui peuvent seules amener un jour la réunion si désirée de tous les sentiments et cimenter par là notre bonheur. »

M. Duchesne, après avoir déclaré qu'il ne sollicitait pas l'honneur de remplir une charge aussi élevée et qu'il s'efforcerait d'enseigner à ses fidèles leurs devoirs envers Dieu, continue ainsi : « Comme citoyen, j'enseignerai que les ecclésiastiques et autres doivent être fidèles observateurs de la Constitution, que cette Constitution ne peut en rien contredire le dogme de notre religion ; si j'avais aperçu le moindre doute, ma conscience aurait réclamé et je n'aurais pas été sourd à sa voix. C'est après mon examen que je me suis décidé, c'est d'après une conscience parfaitement tranquille que j'ai prêté mon serment. Je persiste dans ce serment. Je vous déclare que je ne changerai pas. »

» Qu'avais-je à vous offrir, s'écrie M. Clausse ? l'amour de mes devoirs et quelques travaux obscurs dans mon ministère public. J'ai été l'élève du pasteur qui s'est concilié l'estime publique.

» C'est chez lui qu'il a puisé de bons principes de patriotisme qu'il nourrissait dans son âme avant que nous eussions une patrie. »

Les travaux de l'Assemblée électorale de 1791 étaient terminés. Avant de se séparer, un membre fit la motion de faire frapper une médaille pour consacrer le souvenir de ces premières élections. L'un des côtés porterait la figure de Minerve tenant un livre ouvert sur lequel serait écrit : Constitution civile du clergé, assemblée, administration ; ordre judiciaire. En légende : Le peuple délègue ses droits à ses mandataires. Au bas, le nom de chaque électeur. L'autre côté porterait les attributions de la justice, de l'Église et de l'administration ; en légende : La voix du peuple les confère au mérite ; au bas : Département de Paris, 1790-1791, électeurs. Il ajouta que l'on s'en rapporterait à l'Assemblée sur le soin de cette médaille. Un autre membre, en appuyant cette motion, demanda qu'il fût nommé des commissaires pour déterminer la forme de cette médaille et rédiger une adresse à présenter à l'Assemblée nationale, pour lui faire part des travaux dont l'Assemblée électorale s'était occupée depuis sa formation jusqu'à ce jour.

Ces deux motions, mises aux voix, furent adoptées, et la dernière séance levée.

L'Assemblée électorale reçut pour ses travaux des félicitations chaleureuses. Le procès-verbal nous a conservé une adresse du département de Lot-et-Garonne envoyée au Président et dont on remarque les lignes suivantes :

« Les principes qui ont dirigé cette Assemblée, les choix excellents qu'elle a faits, le patriotisme dont elle a donné l'exemple, tout doit lui acquérir la reconnaissance, non seulement de ses commettants, mais encore de tous les bons citoyens répandus dans l'Empire français. Il fut un temps où chaque partie de ce royaume, indifférente au sort des autres provinces, isolait son intérêt de l'intérêt commun et cherchait dans cette vue à usurper des privilèges ou à se défendre contre ceux qu'avaient obtenus ses voisins.

» Ce temps n'est plus. En détruisant les privilèges des lieux comme ceux des personnes, nos représentants ont renversé la barrière qui séparaient les citoyens des citoyens. L'intérêt particulier n'est plus, aux yeux du Français régénéré, que l'intérêt commun de la Patrie. Les succès d'un département sont un véritable triomphe pour tous les Français. »

IV

Il n'y a pas trace d'élections du 30 mars 1791 au 13 mai 1792. A cette dernière date, le procureur de la Commune, faisant dans cette partie fonctions de procureur syndic de district, convoqua les électeurs de Paris, à l'effet d'élire le curé de Saint-Jacques-le-Majeur, en lieu et place de M. Morel. Élu par 195 voix sur 284 votants, M. Trianon fut proclamé le 17 mai et prit la parole comme ses prédécesseurs.

Depuis le 30 mars 1791, les circonstances avaient changé. La fuite de Varennes, l'affaire du 17 juillet 1791, la guerre avaient dépopularisé la royauté. Les nuages s'amoncelaient déjà à l'horizon. Aussi l'éloquence du nouvel élu se ressent-elle singulièrement du malaise général.

« Augustes mandataires d'un peuple libre, tandis que toutes les passions frémissent autour de nous, tandis que les ennemis du bonheur public menacent de briser d'un bras sacrilège ces tables précieuses sur lesquelles sont gravées les lois que dicta l'éternelle sagesse par l'organe des augustes représentants de la nation, les intérêts sacrés de la religion qui reposent en nos mains par le glorieux ministère dont le peuple nous a chargés, nous arment de force et de courage pour en soutenir les colonnes que s'efforce d'ébranler la superstition ou plutôt le fanatisme.

» Les nuages accumulés par l'erreur éclipseraient bientôt la vérité, s'ils n'étaient pénétrés par les vifs rayons de lumière, qui jaillissent des vertus et des talents de mes dignes collègues animés par l'exemple du vertueux prélat qui gouverne ce département avec tant de sagesse. »

Il aurait voulu en dire davantage, « mais l'image de sa chère patrie attaquée par les ennemis, tant intérieurs qu'extérieurs, remplissant toute son âme, absorbe toute autre idée. »

Il y eut une élection le 5 août de la même année. M. Mehée fut élu curé de Saint-Sulpice par 224 voix sur 295 suffrages exprimés, et M. Tournaire, de Saint-Leu, par 241 voix sur 317 votants.

Après avoir été proclamés le 12 août, ils prononcèrent des discours. La royauté était renversée. Dans quels termes allaient-ils s'exprimer? Laissant de côté la politique, ils se renfermèrent dans le domaine spirituel. M. Mehée est effrayé de sa tâche. Il vante le pasteur Poiret à qui il succède : « Ce grand homme n'a fait que paraître dans la paroisse. On dirait que la Providence s'est plu à lui épargner toutes les peines réservées aux ministres ecclésiastiques dans un temps où la religion est attaquée de toutes parts, où l'on voudrait la détruire, dans ces temps orageux où le sang vient de couler avec celui des coupables. »

M. Tournaire n'est pas plus rassuré.

Les procès-verbaux nous signalent encore une élection à la cure de Saint-Augustin. Le 3 mai 1793, M. Aubert, sur 292 suffrages exprimés, en recueillit 199. Proclamé le 9, il parla aussi; mais on n'a pas son discours. On sait seulement que l'Assemblée en arrêta l'impression, l'envoi aux sections, aux départements et aux assemblées électorales. Il en fut de même de la réponse du président.

Tous ces curés élus en 1791, en 1792 et en 1793 ne devaient pas rester longtemps en charge. Pendant les années 1794, 1795 et suivantes, l'*Almanach national* ne donne plus les noms des curés.

Dans l'Almanach de 1803, on ne retrouve, de ce clergé élu, que MM. Corpet, Viennet, Dubois et Chevalier.

En résumé, les électeurs s'étaient rendus en grand nombre aux urnes. Ils avaient déployé autant, sinon plus de zèle, que pour les élections politiques, administratives et judiciaires. Ainsi, en 1791, pour l'élection de Danton, en qualité d'administrateur, il y avait 515 votants. Pour celles de Lacépède, Talleyrand, Mirabeau, 491 et 487. A l'occasion des élections de la Législative et de la Convention, 500, 600, 700, 750 membres du corps électoral prirent part au vote des représentants de la nation. En 1792, pour l'élection de M. Minée, comme substitut du tribunal criminel, il y avait 354 votants. En 1793, 181 citoyens prirent part à l'élection de Coffinhal, nommé commissaire national du tribunal criminel. A la fin de mai de la même année, par suite de circonstances extraordinaires, le président avait été obligé de remettre les opérations électorales au 3 juin.

A en juger par les apparences, il y avait eu dans les élections ecclésiastiques un désir patriotique de concilier la religion avec le nouveau régime. Rien n'y avait manqué, ni la pompe, ni l'éloquence. On se serait cru transporté au temps des Pères de l'Église. Cependant cet enthousiasme, inconnu depuis tant de siècles, était-il sincère ? Pourrait-on en conclure que nos pères avaient une foi ardente ?

N'oublions pas que ces nouveaux élus n'avaient eu guère à se féliciter de l'ancien ordre de choses. La Révolution les comblait de joie ; car ils parvenaient à des honneurs auxquels ils n'avaient peut-être jamais aspiré. Aussi éprouvaient-ils le besoin de triompher du malheur des prélats qui, par leur faste inouï, les avaient jadis profondément blessés. Ils se vengeaient, et, parfois, avec beaucoup de fiel.

Rien n'est plus vrai ; mais il faut remarquer que les prêtres n'étaient pas seuls à emboucher la trompette épique. Les enfants étaient éloquents avant l'âge. Les vieillards, « rompant les glaces de la vieillesse, » s'abandonnaient à des mouvements oratoires. Dans le cœur de tous ces hommes habitait, comme chez la captive de Chénier, l'illusion féconde.

Mais, après la fuite de Varennes, cette illusion se dissipe tout à coup. Tout s'assombrit dans l'ordre politique et dans l'ordre religieux. La cour, les émigrés et l'Europe conjurée veulent détruire la Constitution de 1791. Les derniers discours des curés nous montrent combien était suprême l'effort que tentait l'ancienne Église pour ébranler et renverser l'Église nouvelle, dont les débuts avaient été si brillants à Paris.

(*Extrait de la* Révolution française, *revue historique*, nº du 14 août 1887.)

Paris. — Imprimerie G. ROUGIER et Cie, rue Cassette, 1.

www.ingramcontent.com/pod-product-compliance
Lightning Source LLC
Chambersburg PA
CBHW061611040426
42450CB00010B/2421